언젠가 목요일

시와사상 시인선 23

언젠가 목요일

이두예 시집

시와사상사

시인의 말

또 고맙다는 말을 한다

2015년 9월
이두예

차례

시인의 말

제 1 부

복서	11
만종	12
저녁	14
노숙	16
산역	17
물구나무서기	18
방기리, 겨울 저녁	20
아듀 6분	21
할머니 뽕	22
분홍	24
난타 , 랩풍으로	26
히히히 까르르르路	28
청담요양원에는 새들이 산다	29
암전	30
성탄 즈음, 서면	32
사람을 찾습니다	34

언젠가 목요일

제 2 부

외출	37
언젠가 목요일	38
010이 울렸다	40
간격	42
안경 돌리기	43
만재흘수선	44
독거	46
사과의 방	48
비오는 날	50
문상	52
풍경 속의 풍경	53
오월	54
조모님 안동 권씨	56
돋보기	58
불경不敬	60

차례

제 3 부

흘러가다	63
우아한 거짓말	64
딸꾹질	66
커피를 내리는 아침	68
가자미	70
새벽, 디오게네스	72
나도 꼼수	73
부츠, 부츠	74
달콤한 인생	76
순수의 시대	78
칼국수를 넘기며	80
숙등역	83
그 집	84
비옵나니	86

언젠가 목요일

제 4 부

맑은 날의 자화상   91
노르웨이 숲   92
이팝나무   94
거푸집   95
上西浦金萬中先生書   96
월래에서   98
불면   99
러시아 통신   100
이팝나무 2   102
부부   103
비오는 날. 2   104
사각死角   106
부처님 오신 날   107
봄날   108
새해 아침   109

해설 인간의 시간 | 정익진   111

제1부

복서

네가 떠난 뒤 사위는 갑자기 캄캄해졌어
그렇지만 전부 어둠이라고 말하지는 마
불을 끄면 동공이 서서히 열리며 훤해지지
엎드려 훌쩍거리다 보면 어느새 어둠은 익숙하게 다가와
수직으로 타고 내려오는 그 어둠을 꺾어 긴 획을 긋는 방의 모서리에
못을 쾅 박는 거야 쾅쾅, 사각의 링

어둠을 꺾어 보낸다
내가 누워 있는 사각의 링
승자와 패자의 격투도 없이 함성은 사라지고
당신이 승자였었니? 내가 이긴 자였었나?
이 끝나지 않는 싸움에 언제까지 휘슬을 휘릭휘릭 불어야 하는 거니?
그러고 보니 우린 싸운 적이 없잖아? 그냥 멀어져 갔잖아
눈 감으면 보이는 네 개의 못 박힌 모서리,
그 속에서 몸 뒤척이며 일어서면 안 되는 거니
어둠 속에서 어둠이 밝아진다
유폐의 아침

만종

콩알만 한 사내아이가 외할머니 바지춤을 엉거주
춤 잡은 채
바라보고 있습니다
삿대질을 하며 고함을 지르는 남자와 여자가
콩알을 따악,
굴린다
맞받아 따다닥,
굴려 보낸다
남자가 굴리고 굴려 보내고
여자가 굴려 보내고 굴려 보내고
콩알이 왔다 갔다 데구루루 굴러가다
할머니 곁에 간신히 멈춘다
할머니가 얼른 콩알을 집어 남자의 발아래 따닥,
던져버린다 게임 끝이다
엣다 네놈 씨 니 가져가라 이 개놈아
남자가 콩알을 발로 뭉개며
시팔, 시팔 년들 욕지기를 하다가
제풀에 개거품을 물고 발아래를 내려다본다

웽웽 웽웽 사이렌이 울립니다
여름해는 자글자글 피를 끓입니다
피톨들이 튑니다 콩 튀듯 뛰어나갑니다

십팔 년 십한 것들이
　가정법원 뒷담 짧은 그림자 뒤로 사라집니다
　그림자가 더 짙어졌습니다
　담 너머 희망교회 종루의 피뢰침이 햇빛에 반짝하고
　녹음된 정오의 종소리 멀리멀리 은은하게 울릴 것 같습니다

저녁

7시 40분, 거실 TV에서는 종편 이영돈의 먹거리 X파일이 재방영 되고
싱크대 위에 있는 시계의 시각은 5시 32분이다
그러나 시침과 분침과 초침은 마주치다 엇갈리다 제 방향으로 움직이고 있다
째깍, 째깍, 째깍
심장 박동 소리
살아 있는 동안은 붉은 심장이든 검은 심장이든 펌프질을 하듯이
시간은 언제나 시계 방향으로 돌아가고 있다

콤푸차를 끓이려 한다
십 분간 팔팔 맹물을 끓이고 설탕을 넣어 십 분 얼그레이홍차를 넣어 십 분
싱크대 위 시계, 다섯 시 삼십이 분에 차를 끓이면 여섯 시 이 분에는 콤푸차가 완성되지

지금 7시 40분

같은 공간 다른 시간 다른 시간 같은 공간
시간은 돌아가고
각각의 생각대로 돌아가지요

차는 끓고
아이는 학원에서 공부를 하고 가장은 돌아와
맞추어지지 않은 시계가 걸린 싱크대 쪽을 익숙
하게 쳐다보며
엉거주춤 발을 닦으러 욕실로 들어가는
다른 시간들

노숙

중앙동 지하상가 문들이 내려진 밤
맨땅에 모로 몸을 말고 깊이 잠든 남자
그 옆에 몇 발자국 건너
장미꽃 활활 핀 밍크담요를 목까지 끌어 올리고 잠이 든 남자를

오월이다! 오월!
붉게 핀 꽃밭 앞에서 걸음을 멈춘
집으로 돌아가던 여자

이웃하여 그들

산역

　지산리 극락암 오르는 길
　죽은 참새의 곤두서있는 목덜미를 쓰다듬어 풀섶에 묻어준 뒤
　덤불을 쪼고 있는 또 다른 참새들 옆에 쪼그리고 앉습니다
　새털보다 더 가벼울 거라 생각한 참새의 주검은
　어느날의 이별처럼 가볍지 않은 무게로 여전히 손바닥에 놓여 있습니다

　이제 안녕을 말해야 할 것 같다고 말하면서도
　나머지 말을 머금고 있던 창백한 입술,
　등을 돌리고 멀어지는 그 등의 반대쪽으로
　짐짓 더 멀어지려 빠른 걸음을 걷다가 제 걸음에 넘어진 뒤에야
　돌아서서 아득하고 먼 길을 바라 보았습니다
　환장하도록 벚꽃 흐드득 무너져 내리고
　구절양장, 극락 오르는 길을 만들었습니다
　아무 것도 없으므로 기억할 것 없다고 생각하기로 했습니다

　또 벚꽃 지고 있습니다
　피고 지는 것이 아주 짧은 날이라서 참 다행입니다
　몇 날 좀 그랬습니다

물구나무서기

건천乾川에 돌들이 다글다글 볕에 굽히고 있다
저 내에도 시뻘건 물 콸콸 소용돌이 있었을 것인데
출렁임 있었을 것인데
해골처럼 나뒹구는 돌들
강둑에 뿌리를 드러낸 아름드리 플라타너스에 앉은 매미가
죽어도 사는 것처럼
살아도 하루를, 나처럼 질러 봐 맴맴 자그르르
귀를 때리고 있는데

더 이상 내려갈 곳이 다하면
손바닥에 침을 퉤퉤,
물구나무서서
손이 발이 되는 거다 그래 보는 거다 걸어보는 거다

복숭아향기 달짝지근한 무르익음을 지나
오천축국을 향해 실크로드의 사막을 걷고 걸어
망자를 태우는 연기가 노을을 감고 도는
갠지스 강의 저녁에 닿아
아직은
염라왕이 밀쳐 낸 두 손에 입맞춤하는 시간

물구나무서서 두 팔 사이로 보이는
아파트 창 밖
푸를 대로 푸르러진 나무들이 하늘을 향해 손을 뻗고 있다
건너편 창유리가 오후의 볕에 눈부시다
맴맴 자그르르 자그르르

방기리, 겨울 저녁

전깃줄에 앉은 까마귀

떼

가

줄줄이 손에 손 잡고

몸짓으로 부르는 송가

저 까마득한 저승길에 서서

무장 해제

허사비,

내 심장을 쪼아 봐

내 옷이라도 흔들어 봐

아듀 6분

해운대 송정 간 6분이 지나갔다
눈 깜박할 사이 6분,

기차가 바닷가 옆 펼쳐진 마늘밭 마늘밭을 툭툭 치며 지나갔던 시간
낚싯대를 드리운 내가 바다에 말뚝을 박고 있던 시간
바다를 휘감아 돌던 기적소리에
미늘에 걸린 잔챙이 한 마리 깜짝 놀라던 시간
같이 간 직장 동료 김안담 씨 송 과장님 차 순경님,
월척이다 월척 킥킥 웃어주던 시간
동해남부선, 뿍뿍 기적을 울리며
낚아 올린 잔챙이의 눈에 기쁨을 점안해 주던 시간은

한 생의 기억으로 따라오지
아듀, 긴긴 6분

할머니 뿅

반신욕을 하고 있는데 하늘이가 까톡을 보내왔다
하늘이 친구들이 기숙사 벽에 전시한 생일 축하 사진과
편지 끝에는 '그럼 못난 손녀는 이만 뿅'
뿅이라고 웃기게 쓴 말에 웃다가 웬지 어린 청춘의 쓸쓸함이 느껴져 그만 눈물이 핑 돈다

욕조에 몸을 눕히다 중심을 잃고 손을 휘저으며 물을 잡고 바둥거린다
물을 움켜쥐었을 때
불쑥, 마론인형의 촉감
하늘이 엄마 여덟 살 때인가
내 아이가 친구의 마론인형을 훔쳤다
만지면 체온이 느껴질 것 같이 말랑한, 꺾이는 관절, 핑크빛 살결에 브론즈의 머릿결, 새파란 눈동자와 긴 속눈썹,
내 아이가 남의 것을 훔쳤다!
나는 즉시
즉시, 그 집에 가서 아무도 모르게 두고 오라고
유다의 변명보다 더 비겁한 내 방식의 맹모지교를 아이에게 강요했다

물을 휘젓는다
 딸의 사슴 같은 눈망울이 비눗방울 되어 둥둥
 인형을 살며시 놓아두고 쏜살같이 돌아 나왔을 아이의 후들거리는 발걸음.
 마론인형의 동공이 열리다 닫힌다. 엄마를 모르겠어
 같이 가서 사과하는 엄마가 아니지. 많이도 슬퍼
 혼자 가던 발걸음. 외로워 외로워

 하늘이의 끝말이 뿅뿅뿅뿅 물맴이를 그린다
 미안함과 그리움이 봇물 터진다
 얼른 일어나 물을 대강 닦고 까톡을 한다
 '귀여운지고 이 악당들, 생신 추카하옵니다 하늘아 자거라'

 딸의 딸에게 까톡을 치는 밤

분홍

고온 찜질방 네모 난 유리창 안
모래시계에서 분홍색 모래가
술술 흘러내린다
모래의 길이다
발가벗은 여자가 몸을 뒤틀며 고개를 젖힌 채
모래시계를 뒤집어 다시 길을 만든다
모래가 모래를 덮으며 파묻힌다

홍등가 유리창에 미끄러질 듯 매달린 갈급
하루보다 선택의 순간을 목말라하는
쇼윈도우 안의 어린 창녀의 눈빛은
유곽 '모래성' 외짝 문에 친친 감긴 고추전등의 불빛
 어지러운 갈랫길
 한꺼번에 길 다 묻혀 버릴 것 같은 모래먼지 날리는 길
 모래언덕에 깊숙이 왼손을 넣고 오른손으로 꼭꼭 다지며
 두껍아 두껍아 헌 집 줄게 새집 다오 라는 주문도
 왼손을 살그머니 빼는 동시에
 반이나 부서져 내리는 집,
 창문이 깨진다

길들이 흩어진다
시간은 재가 되어 벚꽃 잎처럼 분분하다

어린 것아, 불 들어간다 어서 빨리 나와요 빨리

난타 , 랩풍으로

   대중공양 메뉴는/ 비빔밥/ 비빔밥으로 결정했어
   비비고섞여서하나되자고/ 부처님께/ 빌기로 했어

   파일 전날/ 비빔밥에 들어갈 무채/ 썰고 있었어
   물 마시러 공양간에 들어 온 부목처사님/ 내게 말했어
   보살님도 칼질할 줄 알아요/ 채 써는 솜씨/ 예술이네요/ 엄지손가락 높이 치켜 세웠어
   내가 그렇게 포시랍게 보였나 보이려 했나
   채를 썰면서 생각했어/ 이거 욕이야? 칭찬이야?
   살 만큼 산 여자가 듣는 소리는 아니다 싶어 정말

   내가 휘두른 칼날/ 어떻게 그/ 피/ 닦아줄까
   아팠을 거야/ 됀장/ 누군 줄 알아야 씻어 주든지 닦아 주든지 할 거 아냐
   그/ 피/ 씻어 흘려보낸 물/ 어디로 흘러가 섞였는지/ 오 비비고 섞여서 완벽한 엄폐
   수캐란 수캐 다 불러들여 흘레하던 마리/ 개장사 자루에 넣어 보냈어/ 너무 작은 놈이라 고기 맛 버린다 해서/ 공짜로 주어 버렸어/ 오! 나무대방광부처님/ 나무대방광불화엄경
   밥 한 술 떠/ 허겁지겁 씹지도 않고 넘겼어

또/ 한 술 떠/ 그릇 전에 놓은 뒤에야 배가 불렀어/ 마음 편안해졌어/ 이건 나의 오래된 버릇/ 나만 아는 버릇이야

아직도 용케 들키지 않았니/ 들키지 않은 것 같아

탁 탁 탁탁탁탁 정말 다행

물집이 나도록 썰고 썰었어

썰어 둔 무채/ 고봉으로 쌓여만 갔어

"칼질할 줄 알아요"하는 말/ 고봉 고봉 고봉으로 쌓였어

탁 탁 탁 탁 탁탁 탁탁탁탁

히히히 까르르르路

지하철 센텀 역에서 탄 여중생 셋
듬성듬성 자리가 비었는데도 선 채로
깔깔 까르르르
한 아이는 히히히 히히히히 히히힛, 웃는 게 유별나다
삐딱하게
교복 치마를 댕강 잘라 미니스커트를 입지도 않았고
입술연지도 바르지 않았다
상큼한 풋사과다

내가 좌수영로 192에 사는 것처럼
한 사십 년 뒤, 저 아이들도 각자의 길이 있을 것이다
히히히히路 132, 스케이보드 타 듯 매끄러운 길
깔 까르르路148, 새가 지저귀는 별장지 산책로
깔 까르르路126, 행복이 샘솟는 집의 문패

셋 다
부디, 쇠똥만 굴러도 웃음보 터졌던 날들처럼

청담요양원에는 새들이 산다

무식한 년이 어디서 돈 자랑질이여
이 년아 니 아들 신문에 나오냐
우리 아들은 신문에 글 나오는 사람이여 어디서 나불나불 시부러쌌냐

머리에 털이 빠진 참새처럼
똑같이 상고머리를 하고
다리는 곯아 새다리가 된 여자들,
지지배배 싸움을 한다
부리만 성해 쪼고 물고 재재재재

간호사한테 삼진 아웃당해 방을 옮긴
노모의 손톱을 깎으며
잘했어 재재재재 싸우는 게 어디요
오늘도 새 한 마리 간단없이 훨훨 날아갔단게요
새털보다 더 가벼워지면 훨훨 자동으로 날아간당게
엄마 지금 잘하고 있어 그런 게 가벼워지지 말고 무거워지는겨

낮 2시인지 새벽 2시인지 분간 못하는 술 먹는 날만 빼고
새를 만나러 그는 거의 매일 청담요양원에 간다

암전

임시 개통된 율하터널을 막 지났다
어디로 가야 할지 생소한 길은 아직까지 검색되지 않는다
내비게이션 커서는 푸르게 표시된 불모산을
불안한 신호음 내며 헤매고 있는 중

길을 잃었다
어둡고 가파른 산을 기어오르다
미끄러지며 푸석하게 쌓인 소나무의 갈비를 밟았다
와스락 뼈 부러지는 소리는 오금 저리는 밤의 무섬증을 달랜다
또 기어오르다 외딴 무덤 옆에 고꾸라진다
따스하다
몸을 기대 그 온기를 끌어당긴다
뼈와 뼈가 부딪치며 뼈와 뼈의 힘줄 사이 푸른 피 돌게 하던
그 뼈를 더듬는다
손끝에 쥐가 나도록 부들부들 떨며
산을 영차, 밀어 올리던 그 뼈를 움켜쥔다

지금
나무 뒤에 서 있는

너? 너지? 정말 너지?

아킬레스건에서도 방울방울 피가 맺힐 수 있을까
맺힌 피가 다시 뜨겁게 돌 수 있을까

조명이 켜졌다
다시 길을 찾았다
내비게이션은 푸른 불모산을 벗어나며
직진에서 조금 오른쪽으로 방향을 잡아 달린다

가을산은 더욱 붉어질 것이다

성탄 즈음, 서면

'오픈마켓25시'에는 스물 네 시간 CCTV가 돌아간다
천정을 바라보면 눈들
왼쪽
오른쪽 사방을 둘러보아도
그러나 25시에 닿지는 않아 희망은 있지
희망은 어디에 숨었나
어디서 지켜보고 있는 건가

낮게 내려앉은 하늘을 치어다본다
고기 냄새 가득 배인 골목을 사람들 지나간다
벼락키스 하는 젊은 연인
불 꺼진 부전도서관 담 밑으로 실업을 질질 끌며 단골 젊은이 지나간다
엔젤리너스 커피점의 천사들이 쳇바퀴를 돌리며 크리스마스 캐럴을 부르다
징글징글 멀미가 나올 즈음 싸락눈 내리기 시작한다
22시. 23시. 24시.
펑펑 눈 내린다
오! 왁자한 밤
CCTV 돌아가는 밤

오픈마켓 문을 열고 밖으로 뛰어 나간다
팔을 크게 벌려 눈을 손으로 받으며 빙글 돈다
유리창 밖을 내다보고 있는 눈, 눈, 눈, 눈들에게 눈을 맞춘다
징글벨 징글벨

CCTV는 그래도 25시에는 닿지 않아
오! 고요할 밤! 거룩할 밤!

사람을 찾습니다

비 내립니다
지천으로 깔린 여뀌,
깨알 같은 눈으로 방을 읽고 있습니다

찾을 수는 있을까요

천둥 왁자하게 몰려옵니다

번갯불에
초롱초롱한 눈들이 멀어 버렸습니다
귀들만 쫑긋
열리는
이런 날이 허다합니다

찾을 수는 있을까요

제2부

외출

딸깍 문 잠그는 소리가 났다
여자의 방은 섬이었다

침대 위는 마사토 위를 기어 간 뱀의 길처럼 흐트러져 있다
던져 둔 귤 껍데기는 아직도 향이 난다
실내등은 언제나 두둥, 보름달이다
달이 뜬 밤은 많은 말을 하게 된다

여자가 방을 나와 여자가방에 들어갔다

새빨간 립스틱으로 입술에 그린다
사인펜으로 볼에다 사인을 멋지게 한다
볼펜으로는 볼우물이 생기게 입술 옆에다 보조개를 그린다
이를 쑤시다 넣어둔 이쑤시개에 손등이 찔린다
씹던 껌을 싼 껌 종이가 손바닥에 붙어 떨어지지 않는다
무심코 던져둔 휴지에서 눈물 냄새를 기억 한다
침을 퉤퉤 묻혀가며 얄팍한 지폐를 세고 또 센다
손거울을 들고 빨간 입술에 또 립스틱을 바른다
여자가 방을 나와 여자가방에 들어간다
여자가방을 열고나와 여자의 방으로 들어간다

언젠가 목요일
  - 로드 무비. 3

　난전에 자리를 잡고 전어회 무침과 소주를 주문한다
　회를 무치고 있는 주인 할머니의 구십 도로 꺾어진 허리가
　세월을 이야기하기는 자갈치는 너무 펄펄해서
　노인의 구부러진 허리가 외려 당당하다
　어판 위에 누운 고등어 눈빛이 멍청해지고 있다
　물바께스에 얼음을 띄워
　투원반 던지듯 고등어 상자들 위에 획획 던지는 어물전 여인,
　그녀의 목에 걸린 금목걸이와 비늘 박힌 손등이 이른 봄볕에 반짝인다
　여인의 금속성 치열함에 주눅이 든다
　앉아 있기만 해도 결리는 허리
　차라리 직각으로 확 꺾여 비린내 나는 한 자리 차지한 의자라도 되고 싶다
　소주 한 잔을 구걸하는 걸인에게 소주를 따라주고 전어회 한 점 종이컵에 담아준다
　연신 고개를 조아리며 고맙다고 굽신거리는 저 남자,
　욕망에 얼마나 충실한가

자리를 떠 지하도 계단을 내려간다
바닥에 솜이불을 덮고 남자와 여자가 끌어안고 자고 있다
머리맡엔 발라먹은 생선뼈가 적나라하게 접시에 담겨있다
휴대용 가스버너 위에 얹힌 양은냄비, 소주병
백주, 항구 도시의 관문인 중앙동 지하도가
제 집이라도 되는 양
아주 이사를 왔군 왔어 돌았군 완전 돌았군
사람들 소리도 들리지 않는 듯 훌러덩 벗어 던진 그들의 오수는 달콤해 보인다
상가 모퉁이를 돌아 지하철을 향해 가는데
잡화가게 대형 TV 모니터에서는 남녀가 신나게 지루박을 추고 있다
아싸아싸 추임새가 흘러나오며 뽕짝뽕짝 리플레이
목침은 몇 개나 팔았을까
강황가루는 좀 팔았나? 국산은 국산이기나 한 거야?
나는 국산인가 토종스러운가 뿌리는 내려졌는가

010이 울렸다

　전화 한 통 오지 않는 날이 있다
　어쩌다 울리는 070이나 02, 033, 말하자면 스팸이 많다 받지 않는다
　010이 떴다
　얼른 받는다 스팸이다
　장기를 산단다
　콩팥이라던가 간 등등
　너무 당황해 머뭇거리다
　내 콩팥은 하나뿐이라 팔 게 없어서 못 판다고 말하며
　어디 할 짓이 없어 장기 매매냐고 핏대를 올리며 전화를 끊는다
　이 공간에서
　이틀씩이나 세수를 하지 않고 눈곱을 붙이고 있어도 누가 볼까마는
　장기밀매에 관한 통화라니… 돈 없다는 정보가 이런 데도 유출?
　궁시렁거리며 먹다 남은 김을 들고 변기에 앉아 뜯어 먹으며
　이 야만과 자유와 방임과 잊혀짐과 더러움과 혼자됨에 몸서리를 친다
　비릿한 김 냄새와 함께 뱃속 바닷물이 엎어지고 부서지고 출렁거린다

밸브를 눌러 물을 내린다
허기와 욕망의 출렁임이 증발하고
내 안에 고스란히 남은 한 평 염전,
그러니 장기 썩을 염려는 없어 다행이지 않은가

콩팥은 얼마에 사는 거요?
얼마 전 간 엠알아이 찍었는데 부분에 퇴행성 반점이 생겼다는데 그래도 쓸 만한 거요?
그건 얼마 줄 거요?

간격

후드득,
댕강나무에 앉은 참새가 날아올라 목련나무에 앉는다
허공에 출렁, 다리가 놓인다
댕강나무와 목련의 거리

여기와 거기,
다리를 건너 거기를 만나고
다리를 건너 거기를 떠나오고
다리 건너 거기를 바라보는
그 간격,
목련꽃 목을 꺾고 툭, 떨어지는 순간 같아서

양산 금조총에서 출토된 몸통 떨어져 나가고
다리만 남은 새 귀걸이를 본 적 있네
새라도 되어 훨훨 날아
이승과 저승 사이
다리를 놓는 새를 본 적 있었네
봄날,
목련 가지 끝에 앉은 참새가
그 아득한 연인 같기도 해서
흐르는 황천 들여다보듯 먹먹하게 올려다보고 있었네

안경 돌리기

길거리의 그림도 벽이 맞아야 반듯한 그림이라서
안경 속으로 꽁꽁 숨는다
참았다 터지는 꽃들아, 어느 전설이 그리 아득하게 아프던가
하늘과 땅이 어디서 처음 만나는지
두 눈으로 꼭꼭 씹어보자
천 리 밖에 두고 온 강물을 뒤집어쓴 듯
유리, 유리는 흐르고
또 뽀얀 입김 속에
내가 먼저 가려질 땐 당신도 저만큼서 덩달아 지워져
우리들은 한창 세상에 없는 근원이다

다시 거리이며 깨끗한 상처다

안경을 벗어 돌리면서
도도록이 돋아나는 색계의 꽃들을 보듯, 새로운 순간을 본다

만재흘수선

  통도사 금강계단에서
  긴 머리카락을 손가락으로 빗질하고 있는 만삭의 어린 임부
  금방 툭 옆구리가 터지며 석가를 낳을 것 같이
  동정녀 마리아 마리아 같이

  도대체 남자에게 옆구리 한 번 찔려보지 못한 처녀가 아이를 밴 의문 같은
  그녀의 남산만 한 배 중앙 배꼽 선을 타고 흐르는 해사한 미소
  그러나 두 다리를 벌린 채 무방비로 앉아 있는 그녀에게서
  돌을 맞던 막달레나의 무성한 거기를 상상하는 것 같은

  묵정밭을 기웃거리는 참새와 숲 사이로 날아가 버린 파랑새 같이
  겨울 하늘 구름이 앙상한 나뭇가지 사이를 들락거리는 그 사이
  머묾은 흘러가기 위한 쉼인 것 같이

  흘수선,

세 개의 눈금 사이에는
흔들리다가 흔들리다가
이다와 아니다가 같이 흔들리다가
인 것과 아닌 것이 갈라지는 사이

   바다와 하늘이 태엽 맞물리듯 꽉꽉 이를 물고 천천히 하나가 되는

독거

왜 아니겠는가
산다는 게
옷 솔기에 도도록이 솟아난 길에
초롱초롱 서캐가 아름다운 생을 매달고 있었어
손톱으로 톡톡 서캐 터트리는 소리에 희열을 느꼈어
서캐보다 백배는 낫다고 생각하는
종족, 그게 사람 아닌가벼

며칠 전부터 11월 25일이 생일이라고 선포를 하다가
정작 생일에는 밤인지 낮인지도 구분하지 못하고 술에 절어 전화가 왔다

"오늘 며칠입니까? 25일은 내 생일인디"

일 년 삼백육십오일, 매일매일 살아서 생… 일
살아서 매년 돌아오는 생일
참 오래도 산 것 같아

"무슨 챙길 날이라고 허다한 날을 생일 생일입니까"

스스스스 바람에 댓잎 흔들리다 멎는,
꽃이 핀다지
죽어서 맞는 딱 한 번
그 순간 ,
초롱초롱 맑은 정신으로 하늘 쳐다보며 기념이나
하자고요
반듯이 누우면 보이는 게 하늘 아닌가벼

사과의 방

국광을 리어카에 싣고 노점을 하는 경국이 네가 건넌방에 세 들었습니다
팔다 멍들고 한쪽이 썩은 사과는
경국이 형제의 간식거리
윗목에 놓아둔 사과 소쿠리에서는 겨울 내내 사과 냄새 향기로웠습니다

"엄마 엄마, 경국이 그랬다요 경국이 이랬다요 엄마 그렇지요오"

질문이 그치지 않는 아이에게 무학無學인 엄마가 하는 말
"고마 문 닫고 밥 다 될 때까지 자빠리 자거라 아부지 오시모 일어 나거래이"
자빠져 자라는 말이 그렇게 다정하게 들릴 수도 있을까요

" 엄마, 경국이 고마 자빠리 자까요?"

색색 숨소리를 내며 이내 잠이 든 경국이 볼이 발갛게 익었습니다
경국이 형 경준이가 아랫목 뜨끈한 바닥에 배를

붙이고 연필을 꾹꾹 눌러가며 숙제를 하는 동안
   경국이 아버지가 팔다 남은 사과를 얼지 않게 리어카에서 방으로 옮기고 나면
   방은 사과 향기 더 그득해지고
   달그락거리는 숟가락 소리, 깊어가는 겨울 저녁, 불 켜진 그들의 방

   얼음골에서 사 온 사과 한 알을 껍질째 와삭 베어 물었다
   노오란 과육에서 꿀이 흥건하다
   몸을 궁글리고 자는 애벌레의 잠을 깨웠나 보다
   애벌레가 굼틀, 새까만 사과씨 옹기종기 살고 있는 방
   "엄마 엄마, 경국이 그랬다요 경국이 이랬다요 엄마 그렇지요오"가 들리는 방
   애벌레처럼 경국이 형제가 기억 속을 기어 나오는 방

비오는 날

내내 우중충한 하늘이 드디어 비를 붓고 있다
영주네 죠스떡볶이에서 매운 떡볶이를 시켜놓고 어묵 국물을 홀짝홀짝 마신다
삶은 메추리 다섯 알을 연달아 입에 넣는다
메추리 새끼를 털도 안 뽑고 삼키면 메추리알을 낳을까 상상하며 킥 웃는다
입안이 얼얼하고
비는 세차게 내리고 있다
영주가 손님이 오래전에 두고 간 것이라며 먼지를 털어 우산을 건넨다
빗속을 걸으며 고개를 젖혀 우산 속을 올려본다
녹슨 우산대가 갈빗대 접히듯 어슷어슷 뼈를 드러낸 채

건재하다

내가 건네준 우산을 받아 빗속을 걸어갔던 당신
당신도 잘 계시죠?
난 여전히 매운 걸 좋아해요
영주네에 가끔 들리곤 하죠

떡볶이 먹고 사이판 가자go요, 영주네 벽에 걸린

포스터에는 붉은 죠스 떼가 날아오르며 화끈하게 사이판 가자는 이벤트가 요란해요
    당첨이 됐으면 좋겠어요
    혼자 떠나고 싶을 때가 있죠
    당첨 되면 더 좋고 아니면 내년 봄쯤 열 달 무이자 할부로 어디 여행이나 갔다 와도 뭐 큰일은 나지 않겠지요
    비가 슬슬 잦아지네요
    비가 멎으면 낡은 우산은 거추장스럽죠 그럴 땐 그냥 버리고 가면 되죠 뭐

문상

  특1호실에서 국화 한 송이 헌화하고 상주에게 심심한 애도의 말을 전하고
  길게 늘어 선 꽃 터널을 지나 영락으로 가는 방을 빠져나오던
  잠시,
  어머나! 이렇게 쓸쓸한 방
  보지도 못한 고인에게 절 두 번하고 처음 만난 상주에게 절 한 번 꾸벅할까

풍경 속의 풍경

완주 불명산 깊숙이
숨은 화암사
없는 길을 만들어가며 찾아 갔다

일주문에 들어서기 바쁘게 소피부터 본다
문틈으로 멀리 보이는 요사채에는 기척이 없다
통시에 앉아 볼일을 본 뒤
안에서 잠근 걸고리를 푸는데
바깥의 헐거운 나무 빗장이 바람에 빙글 돌아 갇혀버렸다
문을 흔들어 보다가 큰 소리로 여보세요를 외치는데
바람이 되돌아와 문을 따준다
요사채 쪽으로 성큼 뛰어간다
벌써 해우했냐며 뒤돌아서서 히죽히죽 웃는다
처마 끝에 달린 풍경을 세차게 후려친다

어라라 왁자그러 풍경소리에도
오매일여, 절은 낮잠 중

오월

아버지가 만든 다락방
규격도 높이도 맞지 않은 계단을 기어오르며
천국은 어디쯤일까 궁금했지

황령산 능선, 하늘과 땅 사이
걸칠 곳 없는 허공에 햇살 가득하고
클로버 초록 카펫으로 넓게 깔려 있었지
네 잎 클로버는 잘 보이지 않았어
세 잎들이 얼굴 맞대며 부비고 사는 곳
꽃시계와 화관을 만들어 언니의 머리에 씌어 주고 언니도 내게 꽃시계를 끼워 주었어
날듯 말듯 향기에 코를 흠흠
배꼽시계는 째깍째깍
꽃시계는 시들어가고 있었네
미끄러지고 미끄러지고 다리 힘이 다 빠져 버렸네
집으로 돌아가는 길
클로버 밭에 벌렁 누워버렸네
햇살이 바람에 살랑
하늘이 내 몸 위로 쏟아져 내리고 있었네

천국으로 이어진 흔들리는 계단에 앉아 있었네
혼자 흔들리고 있었네

떨어지지 말아야지
아버지의 다락방 계단에서 떨어지지 말아야지 떨어지지 말아야지
저기 오월은 피어오르고
언니가 설핏 잠든 내 몸을 흔들었네
나는 끝도 없이 속도를 내며 떨어지고
떨어질 때마다 키가 자랐네
언니의 화관도 고개를 꺾고 시드는 중이었네

조모님 안동 권씨

굽히면 부러지는 팽나무 같아서
그 퀭한 큰 눈은 오뉴월 서릿발인기라
올해 아흔이신 조모임*께
저 세상 먼저 간 둘째 아들의 친구 상수 씨가
담 너머 수돗가 쪽으로 고개를 디밀고

"어무이 오늘 큰머느리 왔다꼬 억수로 기분 좋아 보이네요"

농을 해도 쳐다보지도 않고
어두워진 강 나불 일듯, 쉬쉬, 소리를 내며 걸레를 빨다가
빨고 있던 걸레를 더 세차게 물에 흔들며
"시사이 거치 사나 자슥이 잘구로"** 혀를 차며 입속말을 한다

평생 부산 큰 아들네 세 번 나들이하신 조모임이
이제 집을 두고 영영 거처를 옮겼다
목욕탕에 모시고 간 날
하얗게 센 성긴 거기를 두 손으로 다소곳이 가리고
구부리면 부러지는 꼿꼿한 나무가 구부러지기 시작한다

"승측하구로 안나라마"***

안동 권씨
순임 조모임
다시는 펴지지 않을 것처럼
구부러진다 돌돌 말린다

---
* 손자들이 할머니를 부르는 경상도 사투리
** 남자가 모자라게 잘다는 경상도 사투리
*** 흉측해서 이건 아니다라는 경상도 사투리

돋보기

거리에 아이들이 뛰어나갔다

거리에 아이들이 뛰어 나간다

거리로 뛰어 나간 아이 하나가

수영 강가 벤치에 앉아 겨울 햇살 가닥을 세고 있다

십삼 일의 금요일보다 더 아득하게 앉아

두 손바닥을 벌려서

햇살을 담으려 오므리면 오므릴수록

해는 손가락 사이로 빠져나가고

오므린 빈손은 거울 속의 저 편처럼

깊이를 파고 있다

거울을 들여다본다

열 셋 아이가 물장구를 치고 있다

물 밑으로 점점 가라앉는 것도 모르고 물장구를 치고 있다

점점 가라앉는다 가라앉는다

불경不敬

    욕탕에서 발가벗고 앉아 엉거주춤 가부좌하고 있을 때
    하필이면 나무아미타불

제3부

흘러가다

 냄새는 이 골목의 식구입니다 엄마가 사준 새 내복을 설빔인 양 입고 골목을 한 바퀴 돌 때 새 물物에서 나는 기름 냄새는 새로운 징조란 걸 단박에 알아버렸어요 아버지가 장작 한 리어커를 마당에 부리고 도끼질을 했어요 관솔이 불거집니다 옹이에서 퍼지는 솔 향과 내복기름 냄새에 덧입혀진 냄새가 이 골목을 벗어나 만나야 할 냄새란 걸 또 알아버렸죠
 아침마다 파자마를 입고 셰퍼드 목줄을 잡고 골목을 누비던 정 사장 아저씨가 폐병에 걸렸다고 했어요 폐병에는 검둥 똥개가 최고죠 느티나무 아래 시루를 안치고 검둥 똥개 두 마리 넣었습니다 백소주가 똑똑 떨어지는 시간은 동네 사람들에게는 지루한 시간이죠 장작불이 잦아지고 지루한 여름 해가 서쪽으로 넘어갈 때 대소쿠리에 삶은 개고기 한 가득 담겼습니다 어른 아이 할 것 없이 느티 아래로 모였었죠 나는 채식주의자도 아니지만 더더구나 개고기는 아닙니다 나는 이 골목의 사람이 아니었습니다 백소주 뽑아낸 퍼석한 고기로 몰려드는 이 골목 사람이 아닙니다 번들거리는 입들을 바라보며 개고기 냄새 피어오르는 쪽을 피해 느티 이파리 흔들리는 끝을 따라 어딘지도 모르면서 휩쓸려 흘러갔었죠

우아한 거짓말*

1. MRI를 하다

병원에선 나더러 선생님이라고 하며 친절하게 부르죠. 그럴 땐 내가 선생이었었던가 간혹 착각을 하죠. 의사선생님, 골다공증 약은 신장에 안 좋다던데 복용해도 괜찮을까요? 골다공증은 비뇨기과 소관이 아닙니다. 해당 진료과에 가보세요 선생님. 다리를 자기공명통 안에 넣었지. M.R.I. 엠.알.아이하며 숫돌에 칼 벼리는 소리. 포를 떠 쟁이고 남은 뼈를 한쪽으로 던지며 파송송 계란탁* 낄낄 웃더군. 푸욱 잘 고운 도가니는 뽀오얀 육수 우러나오지 초탕 재탕 삼탕, 탕 탕 탕. 무쇠솥 안에 총구를 갖다 대고 쏘아도 솥 안의 전쟁은 아무도 모르지. 휴전은 없어. 숭숭 구멍이 날 때까지 탕 탕 탕

2. 아이 1, 2, 3, 4

정말, 딱 네 번 번갯불에 콩 튀기며 결사를 했어 그럴 땐 꼭 아이를 가졌어

3. 진달래

나 보기가 역겨웠니? 오륜대 저수지에 얼비치는 저 창백한 분홍분홍. 벼랑 끝에서 치마 뒤집어쓰고 뛰어들어 죽지는 마. 혼자 그런 사랑하지 마. 난 그

런 사랑 안 해. 그런 사랑하지 마. 가수 마야의 숨넘어가는 '진달래꽃'을 듣고 있어. 와르르 채 피기도 전에 우르르 꽃 지는 소리에 네 이름조차 외우지 않은 봄날이 가고 있어

4. 某月 某日에는

진설할 때 수박에 뱅그르르 칼끝을 대어 뚜껑을 따서 올리는 거란다. 머리통을 동그맣게 따면 갇혀진 것들 벌겋게 게워낸 뒤 맑은 어항에는 금붕어 놀 것 같지 않니? 정말 그럴 것 같지 않니?

---

* 영화 제목에서 차용

딸꾹질

아들아 잔인한 사월은 우리의 날들이 아니었잖아
우리는 벚꽃 구경도 가고 김밥 싸서 민속촌도 갔었잖아
그러나 잔인한 사월이구나 잔인한 사월이 이런 것이었구나 까톡
4월 16일이 벌써 내일인데 집에는 왜 아직 안 오는 거니
아빠는 미안해서 밤이 와도 불을 밝힐 수 없다 네게 보내는 까톡 소리만 우리 집 어둠을 헤엄치고 있구나 까톡
제발 게임이라도 좀 해라 밤새도록 해라 안 나무랄게 이 무심한 놈아 까톡
아빠가 전에 니 전번으로 새로 샀어 갤럭시노트 s6이야 까톡
칼라링, 니가 즐겨 부르던 '본능적으로' 까톡

곗날 어디서? 까톡
웬? 맨날 모이는 거기잖아 까톡까톡
지겨워 거기 장소 바꾸자 자기야 까톡
그래 파라다이스가 좋겠네 까톡까톡
그런데 왜지? 이 기분? 딸꾹질이라도 우리 좀 하고 살아야 사는 거 아냐? 까톡

그러게 말이야… 까톡까톡

보고 싶다 친구야, 정말 보고 싶다 까톡
아빠가 스마트폰 다시 샀다고 네 친구에게 전화했어 까톡
까톡이 왔어 네게 까톡이 왔어 까톡이 왔다니까 까톡
정말 네 친구가 까톡을 했어. 어서 받아 봐 까톡

커피를 내리는 아침

    코오피에 달걀노른자를 동 띄워 마셨던 아침은 추억을 떠올리는 방식이야 오트밀도 괜찮아
    타이캉루의 오래된 목조 건물 찻집의 카페이 향은 이국의 체취를 기억하는 방식이야
    캘리포니아 허허벌판에 내려 테이크아웃 커피를 들고 버스에 올랐어
    창 쪽으로 바짝 몸을 붙이고 밖을 내다보고 있는 내 그림자를 돌려세워 쓰디쓴 커피를 확 끼얹어버리고 싶었어
    가슴 한복판 좌악 검은 줄 긋고 싶었어
    내 영역으로 들어서지 말 것, 갓뎀
    어서 들어와 빨리, 제발
    커피 한 모금을 들이켜 혀 안에 가뒀어 커피는 쓴 게 역시나지
    …

    갓 볶은 칠레산커피와 과테말라커피를 갈아 천천히 물을 내린다
    필터 언저리를 조금씩 조금씩 파고드는 젖은 향,
    멀찌감치서 뭉개뭉개 안개처럼 몰려오다가 다가오면 한꺼번에 먹먹해지는
    그 언저리를 뜯어 먹는다 물비린내가 난다 샹차

이 냄새가 난다

과테말라 커피는 고소하다

가자미

광안대교 위로 차들이 지나간다
빗줄기가 주렴처럼 내린다

바다는 파랗다. 파란은 하늘. 하늘은 높다

주룩주룩 비. 바다는 밤.
창에 몸을 바싹 붙이고 말잇기를 한다
어둠은 바다.
바다 맞은편 나는 가자미. 가자미는 물고기. 물고기는 빠르다. 빠른 것은 흘러감 흘러가는 것은 물길. 물길은 물의 길. 물의 길은 출렁. 출렁은 흔들리는 것. 흔들리는 것은 광안다리. 광안다리는 길다. 긴 것은 기차. 기차는 사라졌다

가자미가 어두움을 저어나간다 물의 길에는 뼈가 있다 물의 뼈에 몸을 납작하게 얹는다
뼈를 만져보지 않고 깡마른 벼리의 고통을 어떻게 지나갈 수 있을까 뼈 바스러지는 물의 나불이 끈끈한 장력을 이루며 흔들리는 물의 길

창에 얼굴을 더욱 바짝 돌려 바다를 들여다본다
칠흑, 검은 눈동자, 그 검은 눈동자를 들여다보는 검

은 밤, 검은 밤바다, 눈동자가 눈동자를 덮는 밤이다

  납작하게 서로 껴안은 밤

새벽, 디오게네스

떡볶이집
'죠스는 즐겁습니다' 간판 아래서 잠이 든 남자,

들고 있던 신문을 펴
악취 풍기는 몸 위에 덮어 주고 돌아서며

슬쩍 비집고 들어서는 생각 '나, 좀 잘한 일이지'

몇 발자국 걸어가다 돌아보는데
남자가 웅크린 몸을 뒤척이며
덮어준 신문을 손으로 휙 밀친다

에라이
니가 꼴에 가벼우면 얼마나 가볍다고…
내 짧은 행복을 던지냐고요오 인간아, 그냥 팍,

그렇지만 인심 썼다
그래 당신이 왕이다 'Doggish Diogenes'

나도 꼼수

지하도 계단에서
두 손을 벌리고 있는
소년에게 점점 가까워질수록
500원짜리 동전 두 개를 손 안에 넣고 망설인다
줄까
말까
시선 마주친 아이의 눈은
더 간절해지고 다리는 더 움츠린다
주어 버릴까
말아 버릴까
엤다
양은 그릇 안으로 동전, 팽그르르 담기자
아이의 관절이 꼼실꼼실 펴지고 있다

부츠, 부츠

엄마 부츠 하나 사 신으면 안 돼요?
가스나가 부츠는 무슨 부츠 무슨 날라리도 아이고
강아지 한 마리 얻어 왔지 이름은 부츠
부츠야 오요요요 우리 착한 부츠
회사 갔다 오니 부츠가 똥칸에 빠져 죽었다
생각 날 때마다 부츠야 부츠야 훌쩍이는데
아이고 그 노무 화상 마 부츠라도 하나 사 신고
그만 울어라

오요요요, 부츠와 함께 집을 나선다
마당을 잽싸게 한 바퀴 돌아
코를 박고 쿵쿵대면서
다리를 번쩍 들어올려
대문에 오줌 한 포인트, 쏜다
부츠, 억새 흔들리는 저녁 들판을
마른 오줌 지릴 때까지
돌아올 영역을 표시하며
달리고 달린다
저 맹목!
저런 열중을 가져본 적이 있었을까
효도신발 신은 발 내려다보며 혼자 피식 웃는다
잽싸게 달리다가

천천히 걷는 내게 다시 돌아오다가
또 멈춰 기다리다가
곁에서 발을 맞추어 행진 행진
부츠와 나
쏴쏴 억새 몸 부비는 소리 가득한 들판에
돌멩이 둘

달콤한 인생

　외출에서 돌아와 안전 잠금 고리를 건다

　현관을 마주한 방문이 열려있다 현관 옆 화장실 문이 열려있다 안방과 마주한 건넌방 문이 열려있다 안방 문이 열려있다 드레스룸 문이 열려있고 그 안쪽에 있는 화장실 문이 열려있다

　볼일을 보면서도 열어놓고 보고 불을 끄고 자면서도 열어놓고 잔다

　열린 방을 지나 주방에서 밥을 먹고 설거지를 하고 열린 창 너머로 불빛을 바라보고 열린 창 너머로 올라오는 아랫집 고등어 굽는 냄새를 질색하고 열린 창 너머 광안대교 위를 달리는 차의 속력에 편승하고 위층 층간 소음 사내아이의 뜀박질에 관대하다

　새벽 두세 시경에 들리는 샤워 소리는 또렷하게 들린다

　관을 타고 흘러내리는 물소리에서 체액 냄새가 전해져 온다 윗집 부부는 잠자리를 하고 나면 샤워를 하는구나 꼭 흔적을 지우는구나

일어나 맞은편 방을 들여다보면 방의 어둠도 나를 쳐다본다 불 꺼진 화장실 변기에 앉아 오줌을 누고 손을 씻으며 거울을 본다

어둑시니,
점점 커진다 부풀어 오른다 부풀어 오르는 거푸집 무섭다
후다닥 불을 켠다
흔적 없이 사라져 버린다

슬쩍 건드리기만 해도 무너져 내리는 거푸집 앞에 서 있는 나를 물끄러미 쳐다본다
새끼손가락에 달린 여섯 번째 손가락을 보자는데 왜 너는 손가락 일곱 개를 내미는 거니
왼발 복숭아뼈를 보자는데
너는 왜 도깨비방망이처럼 껍질째 두리안을 휘두르는 거니

순수의 시대

돼지감자를 썰다가 손을 베었다
뭉텅 베어나간 살점에서 쏟아지는 피
지혈하던 손을 풀자
점성을 띠며 피어나는
붉은 꽃송이, 동물성이다

웬 뚱딴지같이 불쑥
서답에 묻은 피를 비누로 문질러 빨고 빨아도 지워지지 않던 생리혈 자국이 떠오른다
엄마는 비누를 착착 치대어 삶으면 서답은 깨끗해진다고 하셨다
정말로 눈처럼 하얘지는 피,
폭폭 삶아 뒤켠 빨랫줄에 얌전히 널었다 초경이었다

아가 피가 나는구나 어쩌니 사는 게 피 흘리는 것이란다 삶아 흔적을 지우는 것도 삶의 한 방식이지 엄마는 글이 짧아 모르겠구나 네 오빠가 말하던 화학적 뭐라던가 물리적 뭐라던가

백일홍 붉은 꽃이 피었다
하다보면 빨간 돼지가 누렁개 되는 일도 있겠지

화학적으로 물리적으로 아무튼
앞마당의 붉은 백일홍 하얗게 피우는 일
잘 되고 있는가 자네?

셋째 딸은 무슨 엄마가 딸의 초경에 백설기도 해
주지 않느냐고 말했다
 선생님이 집에 가서 백설기 꼭 해서 이웃과 나눠
먹고 축하 받으라 말했다고
 반 친구들 거의 다 생리해 은근 초조했다나
 하얀 눈밭에 선혈 한 점,
 백설기 위에 건포도 한 알 꼬옥 박아
 몇 이웃집에 돌렸다

칼국수를 넘기며

아버지 李 龍字 根字 이용근 씨, 어머니 朴 判字 世字 박판세 씨

남리, 슬이, 유리, 네리, 귀용, 지령, 하늘, 사랑, 세린, 내가 배 슬어 낳은 새끼와 새끼들이라 그냥 녹아들고 전부여서

나무라서 나무 봄까치꽃이어서 봄까치 같은 이종욱 씨, 이원자 씨, 이동식 씨 이귀화 씨, 김충웅 씨, 정주자 씨, 장선옥 씨. 욱진, 재원, 정백, 정윤, 연내, 도희, 도윤

터진 입술의 피를 앞니에 홍건히 묻히고 화! 하게 웃던 이웃 맨 끝집에 살던 동냥살이 네 딸 이매,

서울로 이사 가는 이매를 공동묘지를 헤매며 잡은 송장메뚜기의 추억과 함께 울면서 보낸다

담배제조창 하수구에 떠내려온 찢겨진 태아, 길수, 수길, 영희, 수바우, 돌바우, 끝바우, 산시, 철근이, 담바데츠로우, 빌, 오 나무 지장보살 나무, 나무 자귀나무

그 얼간이 같은, 그 서럽고 서러운 이름들

유엔탕 꿀꿀이죽의 황홀한 냄새는 먹어도 먹어도 배고픈 봄날 팡팡 터지는 꽃들처럼 허기지다

첫사랑, 또 첫사랑 매번의 첫사랑은 끝맺음도 없이 매달리는 그림자의 무게

칼국수 한 그릇을 게 눈 감추듯 넘기고 국물도 마저 마신다
면발이 입안에서 찰랑찰랑 고무줄을 뛰며 목구멍을 타고 내려간다
이름들도 같이 고무줄뛰기를 한다
밀밭의 초록과 태양과 멸치가 사는 바다와 소금이 되기까지의 기다림을
칼국수 집 주인은
그 물성을 이해하는 게 아니라 그냥 그 물성에 녹아들어 칼국수 한 그릇을 담아 냈을거란 생각이다
옆 테이블 사람이 대전에는 국수집 간판이 왜 이렇게 많냐고 물으니
맛있으면 됐지 간판이 무슨 대수라도 되느냐는 시큰둥한 표정으로
"모르쥬"

이름들이 내게 스쳐 지나가고 다가오고 스미고 스미고 배어 들어
모르지, 모르지 ,아버지, 어머니… 제비꽃, 봄까치꽃, 유엔탕…
내장 켜켜이 백열등 불빛처럼 따갑게 비치는 그

이름을 모르지 모르지
 스미고 녹아들어 진물 흐르는, 모르지 모르지

숙등역

 이 때쯤이면 지하철 3호선은 거의 텅 빈다 아빠는 졸고 사내아이는 계집아이 같은 목소리로 출입구 위에 적힌 노선도의 숙등역을 음절을 바꾸어가며 악센트를 주어 숙등, 수욱등, 쑥등, 쑤우욱등, 세게 약하게 늘였다 줄였다 고무줄 뛰듯 무료함과 놀고 있다 숙등을 이제는 음을 붙여 재잘거리며 노래를 부르고 있다 눈을 반쯤 감고 있던 나도 어느새 사내아이를 따라 속으로 따라 읽고 '숙등'은 숙등 쑥등 쑥국 쑥꾹 뻐꾸기가 되어 날고 나는 기지개를 켜며 가지를 뻗어 앞산 나무로 서는 것이다 아버지가 부스스 눈을 떠 입에 손가락을 대며 조용히 하라는 시늉을 하면 아이는 힐끔힐끔 아버지를 쳐다보며 소리를 한껏 낮추어 또 뻐꾸기를 날린다

그 집

언덕배기에 걸쳐진 낮은 지붕 위에
무화과가 쩍쩍 갈라지며 분홍빛 속살을 열어
금방 떨어질 것 같다
꿀꺽 침이 고인다
반백 년을 돌아서 온 집은
무화과 이파리에 가려져 더 낮고 어두컴컴하고 습하다
뒤란으로 들어선다
놀란 지네 한 마리 스사삭 소리를 내며
금 간 흙벽을 기어오른다

마디마디 꺾여질 때마다 그냥 꺾일 순 없지
꿈틀거리며 그 마디에 발을 뻗어 뿌리를 내려
비탈에 기대 살기를 거부하는 직립의 반란을 일으켰어
그러나 길고 긴 길을 놓아버리고도 싶었던 그 집은
멀리뛰기 해 다시 걸었던 쉼표,
뒤돌아서서 다시 보던 꺾여진 곳,
꺾일 수 없다고 다짐하는 방점,
이었던 그 집은
이제 비탈에 기대어 졸며 깨며 무화과 다 물러 터져도 모른다

야야, 오매가매 다 따 묵지 말고 가마이 나 두거래이
　모레 너거 오빠 내리 온다 아이가
　엄마, 뒤란에 들어서신 것 같아 고개를 돌린다

비옵나니

설거지를 하면서 관세음보살 큰 사위 제주도 일 잘, 둘째 네 셋째 막내 잘, 하늘이 사랑이 세린이 공부 잘, 잘잘잘잘 시냇물 흐르듯 저들 잘 되게 해 달라고 관세음보살 관세음보살하다가

문득 돌아보면

오로지 나무아미타불, 발원하며 내 한 몸 깨끗이 거두어 달라고
기도해도 그리 될까말까 까마득하기만 한데

그래도 관세음보살님

자식들 건강하고 돈 잘 벌고 부부 화목하고 시집 못간 놈들 최고로 멋진 돈 잘 버는 총각 만나고 손주들 건강하고 공부 잘하고 옆에 문둥이든 곰보든 거지든 남자라면 끌어안고 불같이 타오르고 싶었던 요상했던 그 날 이후로

내 여성은 깨끗하게 도망가고 완전 남자가 되어 버렸는데
그래도

관세음보살님
나, 다시 여자로 돌려주시면 안될까요
오! 나무 관세음보살

제4부

맑은 날의 자화상

그보다 더 아득한 것 같기도 하지요 밖에는 눈이 내리고 있었어요 내가 거기에 서 있었지요 아니 장지문 밖 눈꽃 하염없이 내립니다 내가 거기에 서 있습니다

폴폴 먼지 날리듯 덧없지요 겨울이다가 그래도 봄을 기다리는 미망을 매어두기로 한 것은 내가 거기 있었기 때문입니다

매임 없이 어떻게 헤어남 있을까 수틀을 무릎에 앉히고 한 땀 한 땀 바늘 끌어 올리고 내리듯 내가 그랬습니다 씨줄에 날줄을 걸어 항시 나를 매어두기로 작정한 때문입니다

에구야디야 버선코가 날렵해집니다 번개처럼 달려갑니다 갈라집니다 밑으로 떨어지는 아득한 전생을 들여다보고 또 들여다보면 아사녀의 그런 사랑도 속절없습니다

천지 허방, 출렁이는 영지影池에 무영탑이 비칩니다 어쩔거나 아사녀, 내 그림자가 없습니다

노르웨이 숲

노르웨이 숲,
차창 밖을 내다보며 졸다 눈뜨다 이국의 이른 새벽을 지나간다
어디로 가고 있는 것일까
시간은 지루하게 느리게 흐르고 있는데

빽빽한 숲 사이로 아침 햇살이 숲의 빗장을 따기 시작 합니다
숲이 열리고 그 숲의 속내로 들어가는 순간
햇살들
폭포처럼 쏟아집니다
시원始原의 숲, 나는 작아서 눈물이 납니다
아무것도 아닌 것, 아무것도 볼 수 없는 것은
내 마음이 닫혀 있기 때문입니다
도로변에 사슴 한 마리 어슬렁거립니다
차 안이 술렁합니다
잔잔한 호수에 돌을 던지듯 모두가 카메라를 들이댑니다
나 아닌 것에 우리는 매달립니다

그 옛날 돌을 던졌듯
내게 돌을 던지면 되돌아오는 돌멩이를 발 앞에

수북하게 모읍니다
　발이 퉁퉁 부었습니다
　신발을 벗고 왼발과 오른발을 발등에 교대로 얹어
　시원의 숲에 입 맞추듯
　내 발에 눈물의 세족을 하기로 했습니다
　참 생뚱맞다는 말이 있습니다
　나는 여행을 왔습니다
　노르웨이 숲을 지나며
　한없이 작고 멀어 눈물이 나옵니다

이팝나무

찬밥을 뜨거운 물에 말아 먹다가 전화를 받는다
밥은?
막 먹었다고 대답한다
저녁은…
그쪽에서는 아직이라고 한다
언제 한 번 밥이나 먹자고요
그러자고 대답하고 전화를 끊었다

먹다 남은
푸스스 흩어지는 찰기 없는 밥 알갱이처럼
서걱거리는 저녁
밥은?
그 서먹한 물음에 울컥,
바람이 흔들,

거푸집

외풍에 무릎이 시리다고 하신다
그 무릎을 베고
천정의 사방무늬 꿰맞추어 길 찾기 하며 논다
길이 꼬부라지다 곧 바로 가다
넓어지다 좁아지다 막히다 끝내 갇힐 때
후다닥 치맛자락 들치고 머리 디밀어
녹두빛 무색치마 안은
한 켜 빛을 뭉실하게 에두른 출렁이는 바다
쏴아 메밀꽃 일어 비릿한 갯내음이 포복하며
깊이깊이 산도를 헤집고
기어들어 둥글게 말아 몸을 뉘일 때
당신의 바다는 따듯하고 잔잔해
자맥질하다 훌쩍 가픈 숨을 몰아쉬며 바다를 찼다
산도 가득 출렁이던 양수는 되돌아 흐르지 않듯
지금은 텅 빈
그 집

上西浦金萬中先生書

노도 큰 골을 거쳐 유배문학관을 거쳐 남해 시외버스터미널에 내렸습니다

집에 가는 부산행 버스를 타는 시간은 사십 분이 남아 낯선 이 곳 적소, 터미널에 나를 잠시 유배합니다 몸은 물 먹은 솜뭉치처럼 무거워 앉아 있는 것조차 힘이 들고 유월의 진득한 열기가 목구멍으로 밀려들어와 집에 간다는 이 단순한 이유만으로도 가슴이 뜨거워지려 합니다

생각해 봅니다 선생께서는 매일매일 바다에 뜨는 해를 죽이며 서울로 돌아갈 날을 헤아릴 겁니다

어찌 시간만일까요 사람을 헤아릴 것인데 헤아린다는 그 말이 서럽습니다

그믐밤, 바닷가 해송 사이로 둥싯 떠오른 혜륜등을 쳐다보던 공허함 혼자서 타던 시소가 땅에 쿵 닿았을 때, 지구 저 끝으로 떠밀려 갈 것 같았습니다

노도 큰골 허리등배미는 떼를 지어 새들 날아간 적막하고 적막한 저녁이겠지요

산모롱이 동백 핏빛 뚝뚝 듣고 새들 소리 귀에 밟

혀 잠 못 이룰 선생의 아픔이 고스란히 느껴집니다

　멀리 수평선은 더욱 굳게 잠긴 문, 서울은 멀고 멀어

　높낮이를 잴 수 없는 파도의 격랑이 다시는 돌아가지 못할 운명이라 감지하실지도 모릅니다 부디 운명이라 여기지 마소서 불민한 사람이 어찌 선생의 충직과 문학을 가늠이나 할 수 있겠습니까마는 목숨은 재천이라 그 뜻을 하늘인들 모르겠습니까

　부산으로 가는 버스가 들어오고 있습니다
　돌아갈 수 있는 집이 있다는 게 여행의 결론인지도 모르겠습니다
　선생님, 부디 청청하시고
　훗날 한 번 뵐 날을 기대합니다

월래에서

친구는 누에가 실 뽑아내 듯 느릿느릿 말을 잇는다

집을 나가고 또 나가고
봉긋하게 부른 배를 안고 다시 돌아온 날
산부인과 수술대에 눕혀도 배싯배싯 웃는 시누이에게
모지락스럽게 다시는 달이 들어서지 못하게
빛조차 얼씬 못하게
그 문을 콘크리트로 야무지게 틀어막아 버리고
뜨거운 미역국을 먹이고 또 먹였다고
뜬금없이
히야兄아, 저 바다 건너서 백마 탄 남자가 날 태우러 올기다 라고
눈 동그랗게 뜨고 정색할 때는
원래 말짱한 여자로 보여
국희야, 국희야
국희에게 너무 미안해서
애먼 국희 손을 잡고 쓰다듬기만 했었는데
이제 너무 오랜 날이라
면회 오는 날도 뜨음해진다고
바다가 오늘은 참 잔잔한 것 같다고

불면

저절로 굴러가는 털실 뭉치가 고양이 그림자의 뒷발꿈치에 밟히며, 쿵쾅쿵쾅

러시아 통신

아침 일찍 차를 타고 가며 음악 방송을 듣는다 많은 러시아 사람들이 푸쉬킨을 줄줄 외운다고 한다 어제는 러시아 푸드마켓에서 두 남자가 칸트의 순수이성비판에 대한 격론을 벌이다가 한 남자가 총을 쏘았다는 소식이다

총싸움도 철학적으로

이사 온 위층에서 떡을 돌리면서
아이들이 쿵쾅거려도 좀 이해해 달라고 부탁 한다

전혀 신경 쓰지 말라고 보냈는데 쿵쿵 뛰고 달리고 며칠째 층간 소음이라는 것에 충분히 시달린다 골프공 떼구르르 굴러가는 소리 때문에 아래층 할아버지가 위층을 상대로 소송을 제기했다거나 명절 날 위층 자식 손자들 모처럼 모여 쿵쾅거린다고 시비 끝에 아래층 남자가 돌진해 칼로 어찌했다거나 그런 어마무시한 것이 아니라…

순수하게 이성을 논하다가 이성을 잃고 탕 탕 화약 냄새가 쏴아 박하 향내처럼 번지는 것 같다 러시아가 부러워지려 한다

자동차 핸들을 꺾으며 러시아에 귀화한 쇼트트랙 선수 안현수가 생각난다 소치에서 그의 새 조국에 금을 한 아름 안겨줄 때는 좀 섭섭하기도 했는데 오죽해서 내 나라 두고 떠났겠냐고… 짜안하기도 했었는데

어쩌면 러시아에서 그가 멋지게 살 것 같은 생각이 들기도 하는 아침이다
굳모닝, 빅토르 안

이팝나무 2

튀밥 기계 돌아간다

귀 막아라

어서 귀 막아라

펑!

튀밥 먹어라 고봉고봉

있을 때 많이 먹어라 고봉고봉

숭어리 숭어리

배부른 봄, 봄

부부

　내보다 열 살 더 묵은 마누라쟁이가 군대선임처럼 호령을 하는 거라요 앞에서는 이유 없이 주눅이 들어 양팔 짝 뻗고 납작하게 포복해 벌벌 떨었어요 처음에는 두 팔을 뻗은 채 죽었노라 하다가 지렁이도 꿈틀한다고 이거는 아이다 싶어 오른 손 검지 하나를 살살 고무락거리다가 다섯 손가락 모두 살금살금 움직이면서 살아야 대는 긴가 말아야 대는 긴가 팔꿈치에 힘을 주고 어깨를 움씰거리며 태산준령을 넘는 거처럼 배밀이를 하며 살아뿌리까 말아뿌리까 마누라 싸아한 눈길 한 번에 애써 오르던 산봉우리 회오리바람에 흔적도 없이 사그라지고 사하라의 모래바다처럼 망망해 지는 거라요 그런데 요새는 어째댄 기 말도 없이 텔레비전 보고 있는 육십 된 마누라가 어째 이빨 빠진 호랑이처럼 측은해 마누라 기분 째지게 좋을 때 하던 짓거리로 슬쩍 젖꼭지를 쿡 찔러도 별 무덤덤이라 더 짜안해지는 거라요

비오는 날. 2

10시까지 가야한다 건너편에 39번 버스가 서 있다
뛰자
그러나 신호등은 빨간 불로 바뀐다
다음 버스는 17분 뒤에 온다
지갑을 두고 나왔다 휴대폰에는 마이원카드만 달려있다
너는 로스엔젤레스행 비행기로 간다고 한다
40번을 타고 환승해 141번을 타기로 한다
아뿔싸
환승할 141번 정류장은 해운대역까지 가야 탈 수 있다
너는 이미 인천공항에 도착했을 것이다
뛰자
141번을 탄다
우1동 건널목
차단기가 내려지고 동해남부선 기차가 지나간다
그는 커피 한 잔을 하고 담배 두 개피를 피우는 중이라고 문자가 왔다
기차가 지나간 뒤 미포 문텐로드
동백중학교 앞에 내린다
늦었다
동백꽃 톡톡 떨어지듯 비가 거세어진다

투명 비닐우산을 쓴 아가씨가 물웅덩이를 밟으며 지나간다
  장우산을 활짝 펼쳐 우산 끝으로 창을 만들어 허공에 들이댄다
  퍼, 퍼, 비야 퍼부어버려라
  너는 인천공항 의자에 앉아 있을 것이다
  로스엔젤레스행 비행기를 탄다고 한다
  그는 담배 세 개피를 피우고 있다? 없다? 있다? 없다?

사각 死角

아파트 외벽 플라스틱 화분에 심어진 고추 네 포기가 만든 그늘이 둥지의 전부. 검색을 해보면 비둘기는 암수가 번갈아 가며 알을 품는다로 되어있다

    강바람에 쓸려가 버렸나 바람이라도 났나
    수컷은 오지 않는다
    어미는 알을 품어야만 한다 움직일 수 없다
    수컷은 영영 오지 않는다
    사람이 떠다 놓은 물에서는 사람 냄새가 났었나
    물을 먹지 않는다 끝내 먹지 않는다
    비가 쏟아졌다
    흥건한 물속에 잠겨 버린 식은 알을 발로 굴리다
끌어안은 채 몸을 둥글게 말아 무덤을 만들다 핏발선 눈으로 다시 알을 굴리다
    그러기를 반복하다 어미는 날아갔다

세 모녀가 집 주인에게 미안하다는 말과 월세 및 공과금 70만원을 남겨 두고 지하방에서 자살했다 사회복지과에서는 긴급 실업자금을 신청할 수 있는 몇 가지 방법이 있었으나 그들은 몰랐다고 한다 날개 접힌 채 간신히 그 테두리 안을 돋움 닫기 한

    비상은 끝없는 추락이다

부처님 오신 날

불이문에서 대웅보전,
저녁이 되자 불을 밝히기 시작합니다
소원지에 적힌 바램들이 각각입니다
오백만 원짜리 등이나 오만 원짜리 등이나 이만 원짜리 하루등이거나
점등하는 마음 간절하기는 마찬가지
불 밝힌 연등의 행렬을 올려보다가
내려가는 길
비탈길에 걸린 불 켜지지 않은 하루등이
달무리 진 것처럼 곱습니다
부처님 오신 날은 모두가 등불입니다
하루등도 켜지 못한 사람이
마음의 등불 켜 놓았을지 모를 일입니다
모두 모두 심지 활활 끌어 올렸을 테지요
파일등이 둥둥 밤하늘을 날아갈까요
언덕배기 으슥진 곳이 어슴푸레 밝습니다

봄날

계단에 점쟁이처럼 앉아
오가는 사람들의 안색을 훔치는 날
시퍼런 외날 작두를 타고 무당이 되어 넘실넘실 춤추고 싶다는 것을
당신은 맞은편 계단 어디쯤에 앉아
내 머리에서 발 끝까지 꿰뚫어 점을 치고 있을지도 몰라

그늘 있다면 햇볕놀이도 있으리라
벚꽃,
한 번에 다 지고 말 것 같이 막다른 골목까지 휩쓸려 가
그 골목을 서성대는 어깨에 슬쩍 내려앉은 꽃잎
한 번에 다 지는 줄도 모르고 천치같이 피는 것

고목에 꽃 피는 봄날

새해 아침

　강변로를 달리다 하늘이 너무 파래서 차창 문 올리고 울어버린 적 있습니다 그러다가 물끄러미 쳐다보고 있는 룸밀러 안의 여자가 낯설어 또 비질비질 운 적 있습니다

　섣달 그믐밤 방방마다 불 밝히고 행운에게 두 손 부비며 구차하게 빈 적 있습니다

　어젯밤은 불도 켜지 않고 제야의 종소리도 못들은 채 죽은 사람처럼 잠들었습니다

　새해 아침입니다
　개운한 아침입니다

□해설

인간의 시간
- 이두예의 시세계

정익진 / 시인

> '인간의 시간'에 대해 깊은 통찰을 가졌던 이가 아우구스티누스이다. 그는 시간을 아리스토텔레스가 파악했던 것처럼 과거, 현재, 미래로 분산되어 무한히 흘러가는 물리적인 것으로 파악하지 않고 하나의 총체적인 통합체로서 그 안에 과거와 현재와 미래가 각각 기억과 직관과 기대로 존재하고 있는 심리적인 것으로 인식하였다.
> - 김용규, 『영화관 옆 철학카페』중에서

 이두예의 세 번째 시집 『언젠가 목요일』에서는 물리적 혹은 심리적 시간에 대한 다양한 체험들로 가득 차 있다. 시간이란 맑은 날의 구름처럼 완만하게 흐르기도 하고, 가파른 계곡의 급류처럼 급격한 속도로 흘러가는가 하면 화살과 같이 너무 빨리 지나가 시간의 흐름에 무감해 질수도 있을 것이다. 물체가 빛의 속도와 비슷해지거나 웜홀 안에서는 시간의 속도가 현저하게 줄어든다는 아인슈타인의 '상대성이론'을 감안하더라도 시간이란 어차피 가는 것이다. 지금은 오전 10시 14분, 시간을 확인하고 음악이 들려오는 쪽을 향하여 고개를 돌리는 순간 또 시간이 흘러간다. 문이 열릴 때까지 기다린다. 열린 문이 저절로 닫힐 때까지 바라본다. 시간이란 무엇인가. 각자의 상황에 따라 시간에 대한 감각이 달라진다. 같은 시간에 대해 서로 다른 느낌을 가지는 것이 바로 심리적 시간이다. 이 시간은 생체시계와 밀접한 관계를 가진다. 즉 물리적으로 같은 시간대에 대해 우리의 몸이 다르게 반응한다면 시간은 심적으로 다르게 다가온다. 연령별로 심리적 시간은 차이를 보인다. 나이가 들수록 시간이 빨리 지나간다는 것은 어느 정도 일리가 있다. 이두예의 이번 시집 『언젠가 목요일』의 시편들에 나타난 그러한 시간의 배경에는 고독의 그림자가 짙게 드리워져 있다. 여기에 그치지 않고 그러한 고독의 양상들 속에 연민이 반짝인다. 따라서 시편들은 시간과 고독, 연민이란 커다란 세 개의 축으로 움직이고 있다. 가령, 추억이란 시간대를 호출하기 위해서는 우리는 기억을 사용한다. 그 기억을 통하여 과거를, 그리고 기대나 희망, 예감이나 예언을 통해 미래라는 시간대와 조우한다.

 슈타이너는 이러한 경지를 자아와 사물의 상호동화가 가능해지는 '회감*'이라 불렀다. 그는 회감을, 주체와 객체의 간격 부재에 대한 명칭일 수 있으며, 서정적인 상호 융화에 대한 명칭일 수 있다고 하면서, 현재의 것, 과거의 것, 심지어 미래의 것도 서정시 속에 구현 내지 회감될 수 있다고 했다.
 서정시에서 과거, 현재, 미래라는 시간성의 도입근거는 바로 여기서 연유한다. 즉 과거는 기억 작용에 의해서, 미래는 기대와 예기에 의해 시간을 미리 당기

---

* 회감回感: 지난 일이 현 시점에서 새롭게 정의되거나 생성될 것임을 암시적으로, 본능적으로 미리 느낌.

는 행위에 의해서인데, 이러한 시간의식이 회감이라는 시적 자아의 정신 작용에 의해 구현되는 것이다.
- 송기한 「한국현대시와 시간의식」(『신생』 2002년 여름)

    인생이란 이런 것이다. 교차되는 삶과 우발적인 사건들의 연속. 누구도 제어할 수 없는 시간은 끊임없이 상호작용에 의해 흘러간다. 우리는 모두 독립된 개인이지만 언제나 상호작용하고 있다.
- 스콧 피츠제럴드 『벤자민 버튼의 시간은 거꾸로 간다』

    7시 40분, 거실 TV에서는 종편 이영돈의 먹거리 X파일이 재방영 되고
    싱크대 위에 있는 시계의 시각은 5시 32분이다
    그러나 시침과 분침과 초침은 마주치다 엇갈리다 제 방향으로 움직이고 있다
    째깍, 째깍, 째깍
    심장 박동 소리
    살아 있는 동안은 붉은 심장이든 검은 심장이든 펌프질을 하듯이
    시간은 언제나 시계 방향으로 돌아가고 있다

    콤푸차를 끓이려 한다
    십 분간 팔팔 맹물을 끓이고 설탕을 넣어 십 분 얼그레이홍차를 넣어 십 분
    싱크대 위 시계, 다섯 시 삼십이 분에 차를 끓이면 여섯 시 이 분에는 콤푸차가 완성되지

    지금 7시 40분

    같은 공간 다른 시간 다른 시간 같은 공간
    시간은 돌아가고
    각각의 생각대로 돌아가지요
    차는 끓고
    아이는 학원에서 공부를 하고 가장은 돌아와
    맞추어지지 않은 시계가 걸린 싱크대 쪽을 익숙하게 쳐다보며

엉거주춤 발을 닦으러 욕실로 들어가는
 다른 시간들
 −「저녁」전문

　여기 두 개의 시계가 있다. 하나는 7시 40분, 싱크대 위의 시계는 5시 32분이다. 현재시각은 7시 40분이다. 하지만 화자가 처한 상황에서는 7시 40분이나 5시 32분이나 크게 상관이 없어 보인다. 물리적으로는 다인용 식탁이겠지만 심리적으로는 1인용 식탁이기 때문이다. 혼자 밥 먹고 혼자 차 끓여서 혼자 마신다. 켜져 있는 TV도 혼자 중얼거린다. 내가 필요한 것으로 가득 차 있지만 어쩐지 텅 빈 느낌이다. 가령 화자의 연령대를 노을이라 하자. 아들이든 딸이든 모두 출가해서 모두 타지에서 살고 있고 나(화자)만 홀로 떨어져 이곳에 생활한다. 가능한 시츄에이션이다. 남보다 자의식이 유별나고, 섣불리 타협할 줄을 모르는 성격이다. 가능하다. 꼭, 정말, 기필코 내가 필요한 자리가 아니면 사람을 잘 만나지 않는 편이다. 확실치는 않지만 가능하다. 따라서 "같은 공간 다른 시간 다른 시간 같은 공간/ 시간은 돌아가고/ 각각의 생각대로 돌아가"고 있다. 그리고 "아이는 학원에서 공부를 하고/ 가장은 돌아와/ 맞추어지지 않은 시계가 걸린 싱크대 쪽을 익숙하게 쳐다" 본다는 이 장면에서는 데자뷰 같은 환상을 느낀다. 다른 공간 같은 시간이다. 즉, 같은 현실의 시공간을 뚫고 또 다른 시공간이 시야에 펼쳐지는 것이다. 이와 같이 시간은 절대적인 개념이 아니고 상대적 개념이다. 관찰자의 위치나 환경에 따라서 시간의 차이가 있으며 운동물체의 가속도에 따라서 상대적 차이가 있음은 물론이다.

 이두예의 이번 시집은 연막전술을 써서 자신을 철저하게 감추거나 심지어는 이상한 어투와 문법으로 '잘난 척' 호박씨 까는 시들에 피로해 있는 독자들에게는 낭보가 아닐 수 없다. "그래, 이게 나야. 나의 삶이란 말이야." 혹은 "그래 나 고독하게 살아, 내가 외로운데 너희들이 나한테 뭐 보태준 거 있어" 하며 자신을 당당하게 드러내는 것은 그만큼 자신의 삶과 작품을 사랑한다는 말이다. 그 연령 때에만 느낄 수 있는, 그만이 생각하고 행동할 수 있는 삶을 여과 없이 보여준다는 점은 시의 단일성을 위한 필수 요소이다.

> 반신욕을 하고 있는데 하늘이가 까톡을 보내왔다
> 하늘이 친구들이 기숙사 벽에 전시한 생일 축하 사진과
> 편지 끝에는 '그럼 못난 손녀는 이만 뿅'
> 뿅이라고 웃기게 쓴 말에 웃다가 웬지 어린 청춘의 쓸쓸함이 느껴져 그만 눈물이 핑 돈다
>
> 욕조에 몸을 눕히다 중심을 잃고 손을 휘저으며 물을 잡고 바둥거린다
> 물을 움켜쥐었을 때
> 불쑥, 마론인형의 촉감
> 하늘이 엄마 여덟 살 때인가
> 내 아이가 친구의 마론인형을 훔쳤다
> 만지면 체온이 느껴질 것 같이 말랑한, 꺾이는 관절, 핑크빛 살결에 브론즈의 머릿결, 새파란 눈동자와 긴 속눈썹,

내 아이가 남의 것을 훔쳤다!
나는 즉시
즉시, 그 집에 가서 아무도 모르게 두고 오라고
유다의 변명보다 더 비겁한 내 방식의 맹모지교를 아이에게 강요했다

물을 휘젓는다
딸의 사슴 같은 눈망울이 비눗방울 되어 둥둥
인형을 살며시 놓아두고 쏜살같이 돌아 나왔을 아이의 후들거리는 발걸음.
마론인형의 동공이 열리다 닫힌다. 엄마를 모르겠어
같이 가서 사과하는 엄마가 아니지. 많이도 슬퍼
혼자 가던 발걸음. 외로워 외로워

하늘이의 끝말이 뽕뽕뽕뽕 물맴이를 그린다
미안함과 그리움이 봇물 터진다
얼른 일어나 물을 대강 닦고 까톡을 한다
'귀여운지고 이 악당들, 생신 추카하옵니다 하늘아 자거라'

딸의 딸에게 까톡을 치는 밤

－「할머니 뽕」 전문

  위의 작품 속에는 삼 대에 걸친 시간대가 골격을 이룬다. 반신욕을 하고 있는 나(화자)는 할머니이다. 까톡을 보내온 하늘이는 손녀, 그리고 마론인형을 훔쳤던 딸은 할머니의 딸이자 손녀 하늘이의 엄마이다. 그러니까 1代가 하늘이 할머니(화자), 2代는 하늘이 엄마, 3代가 하늘이. 하늘이에 대한 그리움이 하늘이 엄마에 대한 측은지심으로 이어지고 있다. 이제야 할머니도 철이 드시는 모양이다. 손녀와 까톡도 하고 신식할머니이시다. 할머니 뽕, 뽕,

뿅 장난치듯 밝고 쾌활한 어투로 말하고 있지만 할머니의 외로운 처지가 어쩔 수 없이 드러나기도 한다. 화자는 나의 아이가 남의 것을 훔쳤다는 것을 받아들일 수가 없었다. 나(화자)는 무서운 표정을 하고 딸아이가 가져온 마론인형을 즉시 그 집으로 가져가 그 자리에 두고 오라고 명령한다. 그 집을 가서 인형을 몰래 두고 오는 딸아이의 심정을 생각하니, 어미로서 차마 못할 짓을 시킨 자신이 한없이 원망스럽다. 이제야 고백한다. 내가 죄인이다. 이러한 과거의 일들이 주마등처럼 스치며 나(화자)의 뇌리를 때리는 것이다. 이처럼 우리의 삶에 있어서 과거란 단순히 지나가 버린 것이나 존재하지 않는 것이 아니라 오히려 그것은 우리의 마음과 몸 속 어딘가에서 숨 쉬고 있고 영향을 미치며 현재를 구성하는 요소가 된다. 나이가 들수록 나에 대한 연민도 연민이지만 타자에 대한 연민 또한 더욱 깊어진다. 우리의 취향이 다르듯이 타자에 대하여 각자가 느끼는 연민의 강도와 방향도 각각이다.

> 아침 일찍 차를 타고 가며 음악 방송을 듣는다 많은 러시아 사람들이 푸쉬킨을 줄줄 외운다고 한다어제는 러시아 푸드마켓에서 두 남자가 칸트의 순수이성비판에 대한 격론을 벌이다가 한 남자가 총을 쏘았다는 소식이다
>
> 총싸움도 철학적으로
>
> 이사 온 위층에서 떡을 돌리면서
> 아이들이 쿵쾅거려도 좀 이해해 달라고 부탁 한다

전혀 신경 쓰지 말라고 보냈는데 쿵쿵 뛰고 달리고 며칠째 층간 소음이라는 것에 충분히 시달린다 골프 공 떼구르르 굴러가는 소리 때문에 아래층 할아버지 가 위층을 상대로 소송을 제기했다거나 명절날 위층 자식 손자들 모처럼 모여 쿵쾅거린다고 시비 끝에 아 래층 남자가 돌진해 칼로 어찌했다거나 그런 어마무 시한 것이 아니라…

순수하게 이성을 논하다가 이성을 잃고 탕 탕 화약 냄새가 쏴아 박하 향내처럼 번지는 것 같다 러시아가 부러워지려 한다

자동차 핸들을 꺾으며 러시아에 귀화한 쇼트트랙 선수 안현수가 생각난다 소치에서 그의 새 조국에 금 을 한 아름 안겨줄 때는 좀 섭섭하기도 했는데 오죽해 서 내 나라 두고 떠났겠냐고… 짜안하기도 했었는데

어쩌면 러시아에서 그가 멋지게 살 것 같은 생각이 들기도 하는 아침이다
굿모닝, 빅토르 안

― 「러시아 통신」 전문

앞서 언급한 시 「저녁」 안에 "같은 공간 다른 시 간 다른 시간 같은 공간"이란 구절이 있다. 이 말을 위의 시 「러시아 통신」의 시적 상황에 덧대어 본다. 화자는 지금 운전을 하며 음악방송 채널에서 러시 아 작곡가와 러시아에 대한 이야기를 듣는다. 러시 아는 내가 사는 공간과 시간대가 다른 공간이다. 화 자는 지적한다. 사소한 층간다툼으로 무시무시한 싸움을 벌이는 부류와 푸쉬킨을 줄줄 외우며, 싸움 도 철학적으로 하는 부류와는 명백한 문화적 수준

차이가 있음을. 화자의 머릿속에서 돌아가는 연상 작용은 여기에 그치지 않고 러시아로 귀화한 안현수 선수까지 이르게 된다. 안현수는 나와 같이 대한민국이라는 같은 시공간에 살았던 사람이지만 현재는 러시아라는 다른 시공간에 살고 있다. 즉 안현수는 '같은 사람 다른 시간, 다른 공간 같은 사람"인 것이 된다. 필자도 안현수 선수가 결승점을 1등으로 통과해 예쁜 러시안 여자 친구를 가슴에 안고 환호하는 모습에 참 섭섭했었다. 정말 오죽했으면 조국을 버리고 러시아까지 건너갔을까 생각하며 가슴이 짜안해지는 것이다. 시인이 시를 쓰지 않으면 시인이 아니듯이 시합을 하지 못하는 운동선수는 존재가치를 상실하므로. 위의 시는 시인의 뛰어난 연상 능력으로 하나의 통일된 시적성과를 가져왔다는 점에서 주목할 수 있다. 특히 안현수의 등장으로 더욱 흥미로운 결과를 가져왔다.

    네가 떠난 뒤 사위는 갑자기 캄캄해졌어
    그렇지만 전부 어둠이라고 말하지는 마
    불을 끄면 동공이 서서히 열리며 훤해지지
    엎드려 훌쩍거리다 보면 어느새 어둠은 익숙하게 다가와
    수직으로 타고 내려오는 그 어둠을 꺾어 긴 획을 긋는 방의 모서리에
    못을 쾅 박는 거야 쾅쾅, 사각의 링

    어둠을 꺾어 보낸다
    내가 누워 있는 사각의 링
    승자와 패자의 격투도 없이 함성은 사라지고
    당신이 승자였었니? 내가 이긴 자였었나?

이 끝나지 않는 싸움에 언제까지 휘슬을 휘릭휘릭
　불어야 하는 거니?
　　그러고 보니 우린 싸운 적이 없잖아? 그냥 멀어져
　갔잖아
　　눈 감으면 보이는 네 개의 못 박힌 모서리,
　　그 속에서 몸 뒤척이며 일어서면 안 되는 거니
　어둠 속에서 어둠이 밝아진다
　유폐의 아침
　　　　　　　　　　　　　-「복서」전문

　고독과 상처의 순간은 언제 어떻게 나타날지 모르므로 첫 행 "네가 떠난 뒤"라는 언급은 실제적인 주체나 시간의 경과로 보기보다는 절망의 상징으로 보아도 무방하다. 마찬가지로 어둠 또한 언제 어떻게 나타날지 예측할 수 없다. 우리가 흔히 "앞이 안 보인다"란 말을 자주 쓴다. 어차피 지독한 절망 상태에 이르면 대낮이라도 아무것도 볼 수 없고 내 손에 닿는 것이 무엇인지 인지하지 못한다. 위의 시 「복서」는 절묘하다. 화자가 누워있는 방이 바로 링이다. 방이란, 물론 절망 상태에서 누워있는 것이 편안할 리야 없겠지만 어차피 방이란 우리가 가장 편안하게 쉴 수 있는 장소가 아닌가. 거기에 더해 방이 무슨 생존경쟁을 벌이는 현장도 아닌 것인데, 방이란 공간을 상대가 결국 쓰러져야 결판이 나는 승과 패, 생과 사의 현장, 사각의 링으로 본 것일까. 얼마나 고독하고 얼마나 절망했길래. "수직으로 타고 내려오는 그 어둠을 꺾어 긴 획을 긋는 방의 모서리에 못을 쾅 박는 거야 쾅쾅, 사각의 링"이라 한다. 귀신이 아닌 이상 어떻게 이럴 수가 있을까. 사각의 링, 즉 방은 내가 죽어 영원히 쉴 수 있는 관이나 무덤인가. 내가 태어난 방이 나의 무덤이 되는 것일까. 하지만 "어둠 속에서 어둠이 밝아진다"라며 생의 의지를 깨닫는다. 링 위에 쓰러져 겨우겨우 정신을 차리고 피터지고 퉁퉁 부은 입술을 힘겹게 달싹거리며 우리에게 묻고 있다. 아니 우리를 달래고 있다. "그 속에서 몸 뒤척이며 일어서면 안 되는 거니" 이 한 마디를 말하기 위해서, 저 한 송이 국화꽃을 피우기 위해서 얼마나 오랜 시간이 흘러야만 했을까. 시인의 두 번째 시집 『외면하는 여자와 눈을 맞추다』 해설 중에 다음과 같은 말을 보탠다. "시인은 삶속에 들어와 있는 상처 앞에, 정직하고 당당하게 마주선다. 마치 바닥을 차야 물에 떠오를 수 있다는 듯이 상처 속으로 직핍해 들어간다. (박진희)". 시인은 복서였다.

    왜 아니겠는가
    산다는 게
    옷 솔기에 도도록이 솟아난 길에
    초롱초롱 서캐가 아름다운 생을 매달고 있었어
    손톱으로 톡톡 서캐 터트리는 소리에 희열을 느꼈어
    서캐보다 백배는 낫다고 생각하는
    종족, 그게 사람 아닌가벼

    며칠 전부터 11월 25일이 생일이라고 선포를 하다가
    정작 생일에는 밤인지 낮인지도 구분하지 못하고 술에 절어 전화가 왔다

    "오늘 며칠입니까? 25일은 내 생일인디"

일 년 삼백육십오일, 매일매일 살아서 생… 일
살아서 매년 돌아오는 생일
참 오래도 산 것 같아

"무슨 챙길 날이라고 허다한 날을 생일 생일입니까"

스스스스 바람에 댓잎 흔들리다 멎는,
꽃이 핀다지
죽어서 맞는 딱 한 번
그 순간,
초롱초롱 맑은 정신으로 하늘 쳐다보며 기념이나 하자고요
반듯이 누우면 보이는 게 하늘 아닌가벼
-「독거」 전문

시인이 상대방의 이야기를 듣고 쓴 시 인듯하다. 어머님의 말씀을 그대로 받아 적었더니 그대로 시가 되어버렸다는 어느 시인의 말처럼 전화 한 통화로 좋은 시 하나 건졌다. 몇 분이나 통화 했을까. 아무튼 행운이다. 하지만 시인의 촉수가 켜지지 않았다면 그냥 지나칠 뻔 했다. 아마도 상대방도 시인인 듯하다. 말하는 족족 시가 된다. "서캐보다 백배는 낫다고 생각하는/ 종족, 그게 사람 아닌가벼". 그럼 인간의 삶이 서캐보다 못하다는 이야기가 아닌가. 빙그레 웃게 되는 장면이다. 상대방은 전라도 사투리로 화자는 경상도 사투리 말한다. 쓸쓸하고 정겹다. 아무것도 아닌 듯 몇 마디 툭툭, 던지는 대화 속에 삶과 죽음에 대한 통찰이 물씬 묻어난다. 얼마나 나이가 먹어야 이 정도 이야기할 수 있을까. 살아

있는 매일 매일이 生…日 등등, 절창 아닌 구절이 없지만 "반듯이 누우면 보이는 게 하늘 아닌가벼" 바로 이 한마디가 절창 중에 절창이라 할 만하다. 또한 그 어투가 사투리가 아니었다면 그 감동이 반감되었으리라. 인생이 허허롭다는 이야기였겠지만 아이러니컬하게도 희망이라는 벌레가 내 목구멍에서 스멀스멀 기어 나온다. 이 시를 읽고 어쩐지 더 선하고 더 치열하게 살아야겠다는 생각이 든다.

> 전화 한 통 오지 않는 날이 있다
> 어쩌다 울리는 070이나 02, 033, 말하자면 스팸이 많다 받지 않는다
> 010이 떴다
> 얼른 받는다 스팸이다
> 장기를 산단다
> 콩팥이라던가 간 등등
> 너무 당황해 머뭇거리다
> 내 콩팥은 하나뿐이라 팔 게 없어서 못 판다고 말하며
> 어디 할 짓이 없어 장기 매매냐고 핏대를 올리며 전화를 끊는다
> 이 공간에서
> 이틀씩이나 세수를 하지 않고 눈곱을 붙이고 있어도 누가 볼까마는
> 장기밀매에 관한 통화라니… 돈 없다는 정보가 이런 데도 유출?
> 궁시렁거리며 먹다 남은 김을 들고 변기에 앉아 뜯어 먹으며
> 이 야만과 자유와 방임과 잊혀짐과 더러움과 혼자됨에 몸서리를 친다
> 비릿한 김 냄새와 함께 뱃속 바닷물이 엎어지고 부서지고 출렁거린다
> 밸브를 눌러 물을 내린다

허기와 욕망의 출렁임이 증발하고
　　내 안에 고스란히 남은 한 평 염전,
　　그러니 장기 썩을 염려는 없어 다행이지 않은가

　　콩팥은 얼마에 사는 거요?
　　얼마 전 간 엠알아이 찍었는데 부분에 퇴행성 반점
　　이 생겼다는데 그래도 쓸 만한 거요?
　　그건 얼마 줄 거요?
　　　　　　　　　　　　－「010이 울렸다」 전문

　장기밀매! 하이에나 같은 짐승들이 연약한 먹잇감의 뱃속을 뜯어먹는 장면이 떠오른다. 피를 흡혈귀에게 팔아먹는 이들도 있을 것이다. 미국영화『아일랜드』를 보자. 자신과 똑같은 복제인간을 만들어 자신의 신체 일부가 손상 되었을 때 장기이식 수술을 통하여 생명을 연장한다는 이야기가 주축인 영화다. 자본주의 모순의 극한을 보여준 게 아니가 싶다. 결국 모든 인간은 죽겠지만 돈만 있으면 생명의 연장이 어느 정도 가능한 시간 속에 살고 있다. 바야흐로 백세 시대가 아닌가. 위의 시는 현대를 살아가는 우리에게 많은 생각을 하게 한다. 문제적이다. 이런 전화를 받고 아, 내가 죽을 때가 다 되었나 여기는 사람도 있겠고. 정말 돈 몇 푼이나마 절실한 사람에게는 희소식일 수 있겠다. 또 어떤 이는 건강검진 받으러 병원에 달려 갈 수도 있겠다. 필자도 내 몸에 이상이 없나 조금 불룩해진 배를 꾹꾹 눌러 보거나 이리저리 몸을 만져본다. "내 콩팥은 하나뿐이라 팔게 없어서 못 판다고 말하며/어디 할 짓이 없어 장기 매매냐고 핏대를 올리며 전화를 끊는다".

화자는 화가 나는데 필자는 왜 입가 한쪽이 올라가며 미소가 그려지는 것일까. 마침내 화자는 결정적인 한방, 강력한 돌직구성 한 마디를 시원하게 날려 보낸다. "이 야만과 자유와 방임과 잊혀짐과 더러움과 혼자됨에 몸서리를 친다". 후련하다. 내 인생에 후회 없지만 난 너무 외롭다. 또한 화자는 먹다 남은 김을 뜯어먹으며 변기에 앉아 볼일을 보며, 자신의 처지를 돌아본다. 내가 아직은 건강하다는 것을 확인한다. 한국영화 『심장이 뛴다』에서도 아이 엄마 (김윤진)가 자신의 어린 딸을 살리기 위해 뇌사상태에 이른 주인공 희도(박해일) 어머니의 심장을 이식받기 위해 미친 듯 동분서주하는… 그런 장면들이 있었다.

    돼지감자를 썰다가 손을 베었다
    뭉텅 베어나간 살점에서 쏟아지는 피
    지혈하던 손을 풀자
    점성을 띠며 피어나는
    붉은 꽃송이, 동물성이다

    웬 뚱딴지같이 불쑥
    서답에 묻은 피를 비누로 문질러 빨고 빨아도 지워지지 않던 생리혈 자국이 떠오른다
    엄마는 비누를 착착 치대어 삶으면 서답은 깨끗해진다고 하셨다
    정말로 눈처럼 하얘지는 피,
    폭폭 삶아 뒤켠 빨랫줄에 얌전히 널었다 초경이었다

    아가 피가 나는구나 어쩌니 사는 게 피 흘리는 것이란다 삶아 흔적을 지우는 것도 삶의 한 방식이지 엄마는 글이 짧아 모르겠구나 네 오빠가 말하던 화학적 뭐

라던가 물리적 뭐라던가

　　백일홍 붉은 꽃이 피었다
　　하다보면 빨간 돼지가 누렁개 되는 일도 있겠지
　　화학적으로 물리적으로 아무튼
　　앞마당의 붉은 백일홍 하얗게 피우는 일
　　잘 되고 있는가 자네?

　　셋째 딸은 무슨 엄마가 딸의 초경에 백설기도 해 주지 않느냐고 말했다
　　선생님이 집에 가서 백설기 꼭 해서 이웃과 나눠 먹고 축하 받으라 말했다고
　　반 친구들 거의 다 생리해 은근 초초했다나
　　하얀 눈밭에 선혈 한 점,
　　백설기 위에 건포도 한 알 꼬옥 박아
　　몇 이웃집에 돌렸다
　　　　　　　　　　　　－「순수의 시대」 전문

화자의 딸에 대한 기억이다. 자신의 생리혈에 대한 기억이기도 하다. 피는 물보다 진하다. 혈육인 딸이 초경을 한다. 여성이 되는 것이다. 엄마의 피를 물려받은 딸이 피를 흘린다. 내가 피 흘리는 것이나 마찬가지이다. 생리를 치르는 같은 여성으로서의 유대감이 더욱 심화된다. 위의 시에서도 화자는 앞서 소개한 시편 「할머니 뽕」에서처럼 삼대를 언급하고 있다. 화자의 어머니, 화자, 화자의 셋째 딸이 등장하며 각자의 위치에서 가리킬 것은 가리키고 배울 것은 배우고 요구 할 것은 요구한다. 셋째 딸의 요구가 좀 낯설기는 하다. 초경이라 백설기를 하는 풍습이 있었던가. 여자들만이 아는 성인의 식인가 보다. 흰색은 극단적인 색이긴 하지만 순결,

순수의 상징이다. 서답, 눈, 백설기로 이어지는 흰색의 퍼레이드, 거기에다 피와 백일홍이 가세하여 강렬한 색상 대비를 이루고 있다. 백설기 위의 건포도 한 알이 '나는 이제 여성이다'라는 인증샷으로 느껴져 재미를 더한다. 삼대에 걸쳐 혈육이 나눠가지는 소소한 일상사가 마치 한 공간에 모여 있는 듯하다.

  지하철 센텀 역에서 탄 여중생 셋
  듬성듬성 자리가 비었는데도 선 채로
  깔깔 까르르르
  한 아이는 히히히 히히히히 히히힛, 웃는 게 유별나다
  삐딱하게
  교복 치마를 댕강 잘라 미니스커트를 입지도 않았고
  입술연지도 바르지 않았다
  상큼한 풋사과다

  내가 좌수영로 192에 사는 것처럼
  한 사십 년 뒤, 저 아이들도 각자의 길이 있을 것이다
  히히히히路 132, 스케이보드 타 듯 매끄러운 길
  깔 까르르路148, 새가 지저귀는 별장지 산책로
  깔 까르르路126, 행복이 샘솟는 집의 문패

  셋 다
  부디, 쇠똥만 굴러도 웃음보 터졌던 날들처럼
        -「히히히 까르르르路」 전문

  반복되는 일상을 낚아채는 시인의 순간 포착 능력이 빛을 발한다. 장난기가 가득 묻어나오는 어투

이다. 히히히히, 까르르르. 젊음은 아름답다. 아무런 화장을 하지 않아도 싱싱한 풋사과 향이 난다. 성형은 무슨 성형인가. 변진섭의 노래가 들려온다. 밥을 많이 먹어도 배 안 나오는 여자, 머리에 무스를 바르지 않아도 윤기가 흐르는 여자, 웃을 때 목젖이 보이는 여자, 멋 내지 않아도 멋이 나는 여자… 이것이 청춘이고 젊음이다. 아, 안타까운 시간이 흘러간다. 위의 시는 타인을 배려하지 않으면 표출 될 수 없는 나를 포함한, 너에 대한 그리고 여러분들에 대한 깊은 연민이다. 애정이다. 추억을 그리워하고 현재를 사랑하며 앞날의 행복에 대한 간절한 소망을 담았다.

아우구스티누스, 그에 의하면 시간이란 신이 인간에게 자신의 본성인 영원을 '나누어 준(분여分與)' 것이다. 그리고 인간이 그것을 파악하여 자신의 삶의 의미를 찾게 하기 위해 '상기의 힘'을 준 것이다.
따라서 상기想起의 힘을 통해 시간은 '물리적 시간'이 아니라 '인간의 시간'이 되는 것이며 더 이상 무의미하게 분산되지 않고 의미를 가지며, 한정된 것이 아닌 영원한 것이 되는 것이다. 과거, 현재, 미래로 분산되는 인간의 삶이 기억, 직관 그리고 기대 속에서 불변하는 통일체가 되는 것이다.

이러한 '인간의 시간'은 아리스토텔레스의 시간이 아니고, 아우구스티누스의 시간이며, 육체의 시간이 아니고 영혼의 시간이다. 모든 자연물들이 자연의 '물리적 시간' 안에서 존재하듯 모든 인간은 '인간의 시간' 안에서 존재한다.
— 김용규, 『영화관 옆 철학카페』 중에서

이두예의 세 번째 시집 『언젠가 목요일』에서 과외로 맛 볼 수 있는 또 다른 요소들이 있다. 유머 감각(sense of humor), 솔직담백, 의성어, 의태어가 좀 빈번하지만 시인의 꾸밈없는 성격을 나타내는 것이라 여긴다. 시적 포즈가 없다. 즉, 뭔가 있는 척 하지 않고 어중간하게 자신을 드러내지 않는 점이다. 무엇보다도 이번 시편들에서 가장 도드라진 특장은 시인의 생물학적 연륜에서 피어나는 고유한 감수성에다 도회적인 젊은 감성으로 무장하여 대상을 자신만의 언어로 표현할 수 있는 능력에 있다.

언젠가 목요일
시와사상 시인선 23

찍은날 | 2015년 9월 14일
펴낸날 | 2015년 9월 17일

지은이 | 이두예
발행인 | 김경수
펴낸곳 | 시와사상사
부산광역시 금정구 부곡동 325-36번지
전화 : 051-512-4142
팩스 : 051-581-4143
E-mail : sisasang94@naver.com
http://www.sisasang.co.kr

등록번호. | 제05-11-7호
등록일자 | 2005년 7월 18일

인쇄처 | 도서출판 세리윤

값 8,000원

ISBN 978-89-94203-14-0 04810
　　　978-89-958264-1-6 (세트)

- 본 도서는 2015년 부산문화재단 지역문화예술육성지원사업의 일부지원으로 시행됩니다
- 이 도서의 국립중앙도서관 출판도서목록(CIP)은 서지정보유통지원시스템 홈페이지(http://seoji.nl.go.kr)와 국가자료공동목록시스템(http://www.nl.go.kr/kolisnet)에서 이용하실 수 있습니다. (CIP제어번호 : CIP2015024856)
- 잘못된 책은 바꾸어 드립니다.
- 지은이와 협의에 의해 인지는 생략합니다.